Peter Butschkow

ÜBERLEBEN
an
WEIHNACHTEN

Mit Texten von
Peter Butschkow und Caren Hodel

Für:

LAPPAN

FRÖHLICHE WEIHNACHT!

Alle Jahre wieder kommt die hässliche Heizkostenabrechnung, die Grippe oder die Steuererklärung – aber auch der großartige Weihnachtsmann! Pünktlich erscheint diese rüstige, bärtige Lichtgestalt in seinem markanten Outfit und lässt uns den schlechten Ruf des alten, weißen Mannes vergessen. Er wird von allen Menschen, unabhängig jedweder Ausrichtung, heiß geliebt und sehnsüchtig erwartet, schleppt trotz seines hohen Alters die schwersten Geschenke heran und ist immer gütig und gut drauf. Daran sollten sich die heutigen, gestressten Kurierfahrer mal ein Beispiel nehmen. Ihm, diesem Prachtkerl, ist dieses Büchlein gewidmet. Natürlich hat er das erste Exemplar bekommen, und sein tiefes, herzhaftes Lachen klingt uns allen in den Ohren. Er ist einer der seltenen Menschen, die über sich lachen können. Nehmt euch ein Beispiel, und dann: Ho-ho-hoooo! Es lebe der Weihnachtsmann!

Peter Butschkow

INHALT

DIE GESCHICHTE DES WEIHNACHTSMANNES

DER WEIHNACHTSMANN heißt eigentlich Matti Heikkinen und wurde in einem kleinen Dorf nahe Helsinki geboren. Sein Vater war Rentierzüchter, und seine Mutter arbeitete in einer Fischfabrik als Schuppenflechterin.

Sein Talent zum weltweit berühmtesten Geschenkkurier war anfangs gar nicht zu erkennen.

Der kleine Matti rodelte wie alle Kinder am liebsten mit seinem Schlitten das elterliche Dach herunter und fuhr auf den Tränenbächen seiner von ihrer Ehe frustrierten Mutter Schlittschuhe. Hin und wieder half er seinem Vater beim Kastrieren der Rentierbullen oder seiner Oma beim Einbringen der vereisten Wäsche. In der Schule störte er durch ständige Zwischenrufe wie „Ho-ho-ho!" oder „Wart ihr denn alle schön brav?".

Gute Pädagogen hätten da allerdings schon erkennen können, welches Talent in dem kleinen Matti schlummerte. Der studierte also erst mal Walgesang und tourte mit der Gruppe „Fishermans Friend" über die finnischen Dörfer, bis er am Heiligen Abend 1847 bei einem Auftritt von einer indigenen Verehrerin einen in Geschenkpapier eingewickelten Brathering zugeworfen bekam.

Das berührte Matti dermaßen, dass er in diesem Moment die Idee hatte, dieses Gefühl der Dankbarkeit allen Menschen zuteilwerden zu lassen.

Er ließ sich die Haare weiß färben, einen langen Bart wachsen und von der berühmten finnischen Mode-Ikone Supi Klamottinnen einkleiden. Die wählte ein kräftiges Rot, an Hals, Ärmeln und Mütze weiß abgesetzt, und kreierte damit das weltweit berühmte Outfit des berühmten Geschenkkuriers. Fortan beglückte Matti am Heiligen Abend als „Weihnachtsmann" Erwachsene und Kinder gleichermaßen. Irgendwann investierte er in einen Schlitten und sechs zugkräftige Rentiere, anders war das auch gar nicht mehr zu schaffen.

Seine Anträge auf Ruhestand werden alljährlich mit der Begründung abgelehnt, dass er eine „systemrelevante" Persönlichkeit sei und für die Gesellschaft schlicht unverzichtbar. Ein Ende seiner erfolgreichen Karriere steht also in den Sternen.

Das ist die wahre Geschichte des Weihnachtsmannes. Hätte man nicht gedacht, oder?

DAS HAT MAL WIEDER GUT GEKLAPPT!

DER BESONDERE ABEND

EINMAL IM JAHR kommen alle Familienangehörigen und Verwandten zusammen, beschenken sich und haben sich lieb. Das nennt man „Heiliger Abend".

Es ist der Moment, in dem sich hübsch verpackte Kartons mit herzigen Namensschildern, mit allem, was die Konsumgüterindustrie herstellt, vor illuminierten Tannenbäumen zu Bergen stapeln. Als Kind hatte man die Angehörigen nur als schemenhafte Kulisse wahrgenommen, alle Sinne konzentrierten sich allein auf den Gabentisch.

Je älter man aber wurde, desto mehr fragte man sich, warum man in feierlicher Runde in einem festlich geschmückten Raum mit Menschen zusammensaß, die sich teilweise nicht ausstehen konnten, sich nun aber mit einem gehauchten „Frohe Weihnacht" strahlend gegenseitig Geschenke überreichten. Kreuz und quer wurde übergeben und gehaucht, umarmt und geküsst. Tante Ilse drückte Opa Paul fest an ihre Brust, obwohl jeder wusste, dass sie ihn inoffiziell als „Idioten" bezeichnete.

Mama Lore begrub ihre Schwiegertochter in ihren Armen, von der sie überall herumerzählte, dass sie eine „raffgierige Schlampe" sei, die ihren Sohn ins Grab bringen würde, und Onkel Kurt herzte seinen Cousin, den er, was wirklich jeder wusste, für eine „faule Sau" hielt, „der nie einen Finger krumm gemacht hat."

Das Lösen von Schleifen und aufgeregte Zerreißen von Geschenkpapier, die verzückte Sichtung des Inhalts, ein vielstimmige „Nein!?" oder „Ja, bist du denn verrückt?" erfüllte den Raum, und der parallele Genuss von alkoholischen Getränken erhitzte das Geschehen zusätzlich.

Danach wurde üppig gespeist und reichlich getrunken, und bevor die Gäste wieder zu Bewusstsein kamen, trennte man sich. Wurde der optimale Moment allerdings verpasst, konnten sich alte Unstimmigkeiten und Ressentiments Bahn brechen und die Idylle sprengen. Das nennt man dann „Heuliger Abend".

1. WEIHNACHTSFEIERTAG, 8:30 UHR

FRÜHER

FRÜHER WAR ALLES VIEL KRASSER,
DER BAUM WAR GRÜNER,
DER GLÜHWEIN NASSER,
DIE AUGEN GRÖSSER, DIE GABEN FETTER,
UND ALLE LEUTE WAREN NETTER.

FRÜHER WAR MEHR LATERNE,
MEHR SCHNEE UND VIEL MEHR STERNE,
AUCH KERZEN WAREN HELLER,
UND DER WEIHNACHTSMANN KAM SCHNELLER.

SO JAMMERN DIE VORFAHREN,
DIE IHR FRÜHER GERN BEWAHREN.
HÖRT NICHT HIN, IHR LIEBEN LEUTE,
NIE WAR DAS FEST SO SCHÖN WIE HEUTE.

AUF DIE PLÄTZCHEN, FERTIG, LOS!

WAS DIE MEISTEN MÜTTER in wohlige Vorweihnachtsstimmung versetzt, löst bei mir entsetzliches Unbehagen aus. Sie müssen wissen, dass ich keine begnadete Bäckerin bin. An Plätzchen habe ich mich genau einmal herangewagt. Nicht mal die Vögel wollten meine Vanille-Kipferl. Denn beim Backen geht es um Genauigkeit. Um Liebe zum Detail, um Geduld vor dem Ofen und ganz viel Fingerspitzengefühl. Alles Eigenschaften, die weder ich noch meine Kinder mitbringen.

Entgegen der Vernunft gehen wir trotzdem in den Supermarkt und decken uns mit Zuckerperlen ein. Wenig später stauben die ersten Mehlwolken durch unsere Acht-Quadratmeter-Küche. Während der eine Sohn die Knethaken ins Rührgerät steckt, versucht sich der andere am Eieraufschlagen. Nach drei Versuchen trifft Jasper die Schüssel, die Schalen-Reste aus dem Teig zu pulen, ist dafür meine Aufgabe. Endlich haben wir die Zutaten beisammen und der Mixer läuft auf Hochtouren. „Ist doch pipileicht", brüllt Ole gegen das Geratter an und wehrt seinen Bruder ab, der auch unbedingt mal rühren will. Im Gemenge spritzt die Hälfte des Teiges an die Wand. „Oooom, tief durchatmen", denke ich leise.

Und laut sage ich: „Jungs, das reicht!" Wo kommt eigentlich der komische Geruch her? Ist es der überhitzte Motor des Mixers? Mein durchgebrannter Geduldsfaden? Nein, die Bratpfanne im vorgeheizten Backofen.

Die hab' ich leider vergessen rauszunehmen. „Klatsch",
macht es hinter mir. Jasper hat den Teig ausgekippt.
Treffsicher auf die Topflappen. Halleluja! Wir kratzen die
klebrige Masse vom Stoff. Dabei landet ein Großteil in
den Mündern der Söhne statt in der Schüssel.

Das Ausrollen gestaltet sich nicht weniger kniff-
lig. Alles klebt hartnäckig am Nudelholz. Aber ein paar
Mehlwolken später haben wir auch dieses Problem
gelöst. Während ich mich noch frage, ob mehr Schnee-
männer nebeneinander aufs Blech passen, wenn ich
sie abwechselnd aufrecht und auf dem Kopf ausste-
che, reißt Ole die Tüte mit den Zuckerperlen auf und
verteilt sie gleichmäßig auf dem Küchenfußboden. Als
die Plätzchen endlich im Ofen sind, sammeln wir die
Kugeln wieder ein.

Meinen Kindern ist mittlerweile die Lust auf Plätzchen vergangen. Sie haben Bauchschmerzen – wen
wundert's ... Also verziere ich anschließend allein die
kopflosen Engel und einbeinigen Rentiere. Das haben
die doch sehr kross geratenen Figuren auch bitter nötig.

Der Einzige, der sich an die eigenwilligen Weih-
nachtskreationen herantraut, ist mein Mann. „Die
schmecken gar nicht so übel, wie sie aussehen",
schmatzt er. „Aber Schatz, warum hast du eigentlich so
viele bunte Kugeln unter den Socken?"

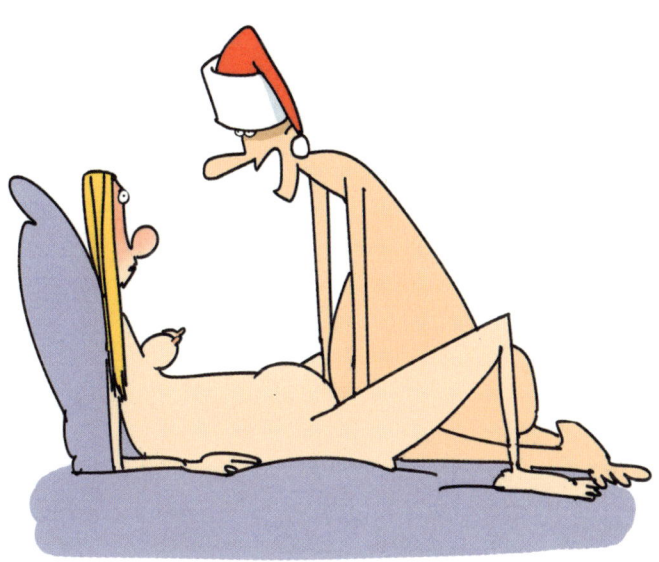

WEIHNACHTSGESCHENKE

ICH KANN MICH NOCH GUT an sein ungläubiges Gesicht erinnern: „Was sagst du? Was hast du deiner Frau zu Weihnachten geschenkt? Einen Luftbefeuchter?" „Ja", antwortete ich, „du hast richtig verstanden." Er konnte es nicht fassen. „Man schenkt doch seiner Frau nicht zu Weihnachten einen Luftbefeuchter", meinte er. „Warum nicht? Was schenkst du denn?", fragte ich. „Feines Parfüm, edlen Schmuck, einen kuscheligen Schal, so was", antwortete er. „Deine Frau hat ja auch keine Stauballergie", sagte ich. „Meine Frau hat Migräne, deswegen schenke ich ihr zu Weihnachten doch keinen Erste-Hilfe-Koffer", ätzte er. „Meine Frau hat sich jedenfalls riesig über den Luftbefeuchter gefreut", sagte ich. Er schüttelte ungläubig den Kopf und murmelte „Schenkt seiner Frau einen Luftbefeuchter ..." Er konnte sich gar nicht beruhigen, dann fragte er neugierig: „Und? Was hast du denn von ihr bekommen?" Ich dachte kurz nach. „Ach, ja", antwortete ich, „einen Inhalator."

Er starrte mich an. „Ja, einen Inhalator", bestätigte ich, „inklusive Kamillentee, zum Inhalieren." Das gab ihm den Rest.

★★★★★★

KOLLATERALSCHADEN

ES IST KALT UND STERNENKLAR, der Marktplatz
ist voller Menschen. Am Glühweinstand drängen sie
sich und wärmen ihre kalten Hände am heißen Pott.
Ich schiebe mich zum Tresen durch und brülle:
„Einen Glühwein, bitte!"
Behutsam schlürfe ich meinen ersten Schluck.
Da rempelt mich Clara an.
„Hey, altes Haus!", ruft sie mit lockerer Zunge.
„Hey, Clara!", rufe ich ihr hinterher.
„Sieh mal, was du gemacht hast!", meckert Tanja
neben mir und fuchtelt mir mit ihren weißen
Handschuhen vor der Nase rum.
„Wo kommen denn die roten Flecken her?", frage ich.
„Von dir eben!", schreit sie.
„Das war Clara!", brülle ich.
„Das warst du!", antwortet sie.
„Clara!", beharre ich.
„Du!", funkelt sie mich unbeirrt an.
„Herrgott, ich kauf dir zu Weihnachten ein paar neue!",
raunze ich.
Da donnert mir von hinten eine Hand auf den Rücken.
„Hallo, alte Socke!", grölt Frank.
Nun muss ich Tanja auch
einen neuen Schal schenken.

JANUAR AUF IBIZA

MÄNNERÜBERRASCHUNGEN

HABEN SIE SICH AUCH SCHON MAL GEFRAGT, was es mit dem selektiven Hörvermögen der Männer auf sich hat? Warum er das Richtfest bei Müllers auf dem Schirm hat, aber nicht den eigenen Hochzeitstag? Batterien für die Fernbedienung einkauft, aber Staubsaugerbeutel vergisst? Experten sind sich einig: Es liegt nicht an mangelnder Liebe, sondern am männlichen Gehirn. Das hat nämlich arge Probleme beim Verstehen weiblicher Ansagen. Grund: Die höheren Stimmfrequenzen der Frauen senden eine größere Bandbreite akustischer Wellen aus, und diese Flut an Tönen erfordert volle Konzentration, die nach gewisser Zeit zur Ermüdung führt. Weiteres Problem: Männerhirne speichern Informationen zuerst im Kurzzeitspeicher ab. Von da werden sie runtergereicht in tiefere Hirnregionen, wo die Neuronen, die grauen Zellen, die neu eingetroffene Information – etwa „Schatz, nie hörst du mir zu" – bewerten. Verglichen mit schon vorhandener Information – etwa „Schatz, du verstehst mich nicht" – denkt dann das Hirn: „Nanu, hab' ich doch schon unzählige Male gehört, muss ich nicht mehr verarbeiten." Schwupps, landen die Information im neurologischen Papierkorb. Und das war's. Ende der Hirnaktivität, Ende der Kommunikation.

Gerade in der Vorweihnachtszeit kann einem dieses Phänomen durchaus zum Verhängnis werden. Dann sieht man wieder zahlreiche Herren hilflos durch die Fußgängerzonen der Stadt irren, die sich ihre Köpfe zermartern. Was hatte sich die Frau noch gleich gewünscht, und war das vor drei Wochen oder doch vorletztes Jahr gewesen? Mit welchem Parfüm besprüht sich die Liebste jeden Morgen? Chloé, Cartier oder doch Chopard?

Natürlich können wir Frauen dezente Hinweise streuen. Kataloge aufgeschlagen liegen lassen und vor Schaufenstern sehnsüchtig seufzen. In der Regel bringt das herzlich wenig. Männer haben keine Antennen für solche Subtexte. So ist das Weihnachtsgeschenk auf jeden Fall immer eine Überraschung.

Im vergangenen Jahr muss ich ganz schön dumm aus der Wäsche geguckt haben, als ich das Gutschein-Kärtchen mit dem aufgedruckten Motorrad aus dem Päckchen zog: „Unvergesslicher Ritt auf der Harley-Davidson". Mir rutschte in diesem Moment nur ein einziges Wort über die Lippen: „Oh." „Das wolltest du doch, oder?", strahlte mein Mann. Ich verstand nur Bahnhof. „Na neulich, als wir in Hamburg waren und du meintest, du wärst so gern mal mit dem Chopper hier." Ich brach in schallendes Gelächter aus. „Shopper, Schatz, Shopper mit S! Weil in meiner kleinen Handtasche immer zu wenig Platz ist."

Aber das kann ich auch. Dieses Jahr schenke ich ihm einen Tanzkurs. Er wünscht sich Werkzeug für seine Tischler-Kiste. Fasenhobel – Paso doble klingt doch fast genauso ...

* * * * * *

EINHAND-WELTUMSEGLER JAN KLÜVERBAUM
AM 24. DEZEMBER. 200 SEEMEILEN VOR KAP HOORN

GESCHENKT

„NAAA? FREUST DU DICH?" Mein Bruder schaut mich erwartungsvoll an. „Endlich keine zerknitterte Kleidung mehr!" Ich entferne das Weihnachtspapier, starre auf eine schwarze Stange, drehe und wende sie in meinen Händen und brabbele: „Hmmm... sehr schön, danke schön. Du sollst doch nicht ..." Was soll das denn, denke ich. Eine Stange? Mein Bruder reißt sie mir aus der Hand. „Komm raus zu deinem Auto, ich hänge sie dir gleich ein, wirst sehen, geht ganz leicht. Wir sind gleich wieder da!", ruft er in die Runde, aber alle sind so mit dem Auspacken ihrer Geschenke beschäftigt, dass seine Ansage gar nicht wahrgenommen wird. Wir gehen raus, und mein Bruder macht sich sofort auf dem Rücksitz meines Autos zu schaffen. Ein paar Minuten später hängt hinten an der Decke quer über den Sitzen diese schwarze Stange. „Kannst jetzt deinen Anzug wundervoll auf'n Bügel hängen. Nix knittert mehr!" Er ist begeistert. „Ich trage gar keinen Anzug", werfe ich zaghaft ein. „Oder Sakko", meint er. „Auch nicht", antworte ich zögerlich. „Oder Hemd", sagt er. „Ganz, ganz selten", brumme ich. „Dann eben feuchte Handtücher." „Ich bade eher selten im Auto", bemerke ich sachlich. Er gibt nicht auf. „Trockenfisch?", fragt er. „Hmmm ... Ich kaufe gelegentlich mal 'ne Salami", stöhne ich. „Bingo!", jubelt mein Bruder. „Passt doch! Frohe Weihnachten!"

CHRISTMAS-HOPPING

JEDES JAHR VOR HEILIGABEND RAST DIE ZEIT schneller als jeder Rentierschlitten. Letzteren könnte man gut gebrauchen, um alle Weihnachtsbesuche unter einen Hut zu kriegen. Wer feiert wann mit wem? Und wo? Und wie lange bleibt man? Soll Oma Lieselotte gleich am Heiligabend dabei sein? Oder doch erst zum Gänsebraten am ersten Feiertag? Wer muss am zweiten besucht werden, weil er unbedingt noch Geschenke für die Kinder loswerden will?

Um allen gerecht zu werden, ist nicht nur logistisches Geschick, sondern auch Fingerspitzengefühl gefragt. Denn nicht jeder kann mit jedem. Wenn mein Schwager Jürgen mit seiner neuen Freundin Jutta erscheint, kommt garantiert seine Ex mit den Kindern nicht. Die wollen Papa Heiligabend aber sehen. Nicht zuletzt wegen der Geschenke. Jürgen und Jutta gibt es jedoch nur im Doppelpack. Sie könnten ihren Besuch auf den ersten Weihnachtstag schieben, wenn nicht Jutta da mit den Kindern bei ihren Eltern wäre. Der zweite Weihnachtstag fällt flach, weil das Jürgen-Jutta-Duo da bei Juttas Mutter speist, die frisch von ihrem Mann getrennt ist, der seine Tochter nebst Partner an Heiligabend wiederum zum Fondue eingeladen hat.

So oder so hat jeder von uns einen Besuchsmarathon vor sich, bei dem die Festtage nach einem ausgefeilten Tourneeplan in nachmittägliche Kaffeekränzchen, Brunch-Runden und Abendessen zerlegt werden.

Essen ist ja überhaupt so ein Thema. Fast ebenso viel Zeit, wie für das Organisieren der Besuche draufgeht, nehmen die Diskussionen ein, was an den Feiertagen serviert wird. Gans mit Rotkohl? Weihnachtskarpfen? Oder wagt man sich gar an das Fünf-Gänge-Menü von Starkoch Steffen Henssler heran? Egal wie die Entscheidung ausfällt, man muss stets Vorlieben, Abneigungen, Allergien und Weltanschauungen aller Gäste im Blick behalten. Allein die No-go-Gerichte-Liste meines Sohnes ist doppelt so lang wie sein Wunschzettel – und glauben Sie mir, der ist nicht gerade kurz ...

Zu den Befindlichkeiten des engsten Familienkreises gesellen sich an Weihnachten die der gesamten Sippe: Jürgen mag keinen Käse, Jutta kein Wild, und mein Vater sträubt sich gegen Raclette, weil die Pfännchen „was für 'n hohlen Zahn" sind. Fisch kommt nicht mehr auf den Tisch, seit mir Weihnachten 2015 die Gräte vom Karpfen quer im Hals steckte. Tante Gesa ernährt sich vegan, und Uropa verträgt keinen Knoblauch.

Da wundert es nicht, dass an Weihnachten bevorzugt Kartoffelsalat und Würstchen gereicht werden. Definitiv die beste Etappe auf der Weihnachtstournee: der traditionelle Spaziergang an der frischen Luft. Der pustet nicht nur den Kopf frei, sondern hilft auch, den Mittagsbraten von Mama zu verdauen und Platz zu schaffen für Omas legendäre Buttercremetorte. Spätestens wenn die auf den Tellern landet, herrscht glückselige Weihnachtsharmonie.

SCHÖNE BESCHERUNG

UM DEN TANNENBAUM war es diesmal dürftiger als sonst. Ist doch klar, es fehlten ja drei Haushalte, und der Weihnachtsmann durfte als Mitglied einer Risikogruppe auch leider nicht dabei sein, aber sonst war es recht festlich. Die Nordmanntanne war mit Coronakugeln würdig geschmückt, und die kleinen Engelchen trugen bunte Masken. Um 18:47 Uhr brachte ein Kurierfahrer noch die letzten drei Amazon-Pakete, und dann konnte die Bescherung losgehen. Die kleine Coco leitete sie mit dem Quarantäne-Gedicht „Markt und Straßen steh'n verlassen, alles sieht so ängstlich aus" ein und erhielt großen Applaus. Ach, was für eine Freude! Harald bekam die gesamte Staffel von „Der Herr der Viren" mit Christian Drosten, und Tante Katja einen neuen Aluhut. Über den prächtigen Bildband „Die großen Pandemien" und die Büste von Robert Koch freute sich Mutti riesig und Onkel Karl war begeistert, als wir ihm den Fotokalender „Karl Lauterbach in Talkshows" überreichten. Große Freude auch bei Vati über die Palette Klopapier mit dem aufgedruckten Grundgesetz, und auch das Puzzle „Markus Söder" sorgte bei Julia für Begeisterung. Die Kinder spielten gleich mit ihren neuen Viren-Warn-Apps und den Teststäbchen. Auch die geliebten Nachbarn schauten öfters von draußen ins Fenster, um unsere Einhaltung der Corona-Regelungen zu überprüfen, und Oma und Opa wedelten aus ihrer Isolierkammer glücklich mit ihren Gutscheinen für Coronaspritzen. Ansonsten war es ein ganz normales Weihnachtsfest.

ONLINE-SCHENKING

GANS WIE BEI MUTTERN

GLÜCKLICHERWEISE SIND MEINE JUNGS endlich in einem Alter, wo ich nicht jede Sekunde gucken muss, ob sie nicht eventuell das Lametta mampfen, die roten Kerzen als Wachsmaler benutzen oder die antiken Krippenfiguren im Punsch schwimmen lassen. Heißt: Ich kann wieder mit allen Sinnen genießen, was an Weihnachten seit jeher ohnehin das Beste ist: das Essen. Zum Beispiel den legendären Gänsebraten meiner Mutter. Allein bei dem Gedanken läuft mir das Wasser im Mund zusammen.

Im vorigen Jahr aber kam alles anders. Denn kurz vor Weihnachten hatte meine Mutter sich einen Pyrolyse-Backofen zugelegt. Das sind diese hochmodernen Geräte, die sich selbst reinigen können. Ein Spezialprogramm heizt den Innenraum dafür bis 500 Grad auf. Das ist der eine Teil der Geschichte. Der andere Teil der Geschichte beginnt mit Karl-Heinz, dem Nachbarn. Mein Vater hatte ihm für den Weihnachtsbaum-Transport seinen Anhänger geliehen, und zum Dank brachte er eine Flasche „Butjenter Wumken" vorbei, einen Kräuterschnaps mit 32 Umdrehungen. So nahmen die Dinge ihren Lauf: Mein Vater ergriff die Gelegenheit, um Karl-Heinz auf ein Gläschen einzuladen, und der überredete meine Mutter, auch einen mitzutrinken.

Dazu müssen Sie wissen, dass Mama schon nach der dritten Runde Schnapspralinen zu kichern anfängt. „Auf einem Bein kann man nicht stehen", entschied

Karl-Heinz und schenkte noch einen nach. Als die Flasche halb leer war, widmete sich meine Mutter beschwingt wieder der Gans.

Ich weiß nicht, ob es an der fortschrittlichen Backofen-Technik oder dem fortgeschrittenen Promille-Pegel lag, jedenfalls stellte sie den Backofen nicht auf „Umluft", sondern auf „Selbstreinigung". Die Tür des Backofens verriegelte automatisch, die Luft in der Küche wurde langsam dünner und die Rauchschwaden immer dicker. Heraus kam eine düsterschwarze Gans im Mini-Format. Niedlich, aber ungenießbar. So haben wir an jenem Heiligabend zu Klößchen und Rotkohl spontan ein paar Bockwürstchen aufgebrüht. Das schmeckte gar nicht mal übel, und anders als sonst konnte Mama sich über einen blitzblanken Ofen freuen.

AHOIIII, KAMERADEN ...

Wir lagen vor Madagaskar
und hatten kein' Baum an Bord.
In den Töpfen faulte das Wasser,
und Würmer nagten im Akkord.
Ahoiiii, Kameraden ...

Wir lagen vor Madagaskar
und dachten innig daran:
an Schnee und an Weihnachtslieder
und auch an den Weihnachtsmann.
Ahoiii, Kameraden ...

Wir lagen vor Madagaskar,
und weit und breit war kein Baum,
auch gab es kein' Weihnachtsstollen,
schon gar keinen Gänsetraum.
Ahoiii, Kameraden ...

Wir lagen vor Madagaskar,
als einer ganz plötzlich rief:
„Ja, wo sind denn die Geschenke?"
Die Stimmung, sie fiel sehr tief.
Ahoiiii, Kameraden ...

Gern war'n wir vor Madagaskar,
mit Fäulnis und mit Exzess,
mit Rum in reichlicher Menge,
doch ohne jeden Weihnachtsstress!
Ahoiii, Kameraden ...

FROHES FEST, FIFFI!

MEINE NACHBARIN LENA ist im Plätzchenfieber. Das an sich ist in der Vorweihnachtszeit natürlich nichts Besonderes. Das Besondere ist das Backgerät, mit dem sie die Kekse zubereitet: dem „Hundekuchen Cookie Maker". Als ich gestern bei ihr war, schaute Dackel Waldi vorfreudig schmatzend zu, wie Frauchen den Teig aus Leberwurst, Kartoffelmehl und Hüttenkäse in die Knochenformen füllte.

Längst werden dieser Tage nicht mehr nur die Zweibeiner, sondern auch Hunde, Katzen, Vögel und Co. beschenkt. Die Branche freut das – Weihnachten beflügelt ihr ohnehin schon milliardenschweres Geschäft. Vom Adventskalender über den singenden Weihnachtselch bis zur Christmas-Überraschungsbox ist alles für die lieben Tierchen dabei.

Nichts gegen ein paar Leckerlis unterm Tannenbaum, aber man kann's auch übertreiben. Meine Kollegin Frauke zum Beispiel hat für ihren Kater Pepper 24 Päckchen in aufwendigster Handarbeit gebastelt. Schon im Oktober fing sie an, die Filzsäckchen zu nähen und den Inhalt dafür zu sammeln: einen mit Knisterfolie gefüllten Schneemann, den LED-Ball im Christmas-Look, eine Rentier-Mütze und die Weihnachts-Snack-Edition aus erlesenem Lachsfilet. Die restlichen 20 Präsente erspare ich Ihnen an dieser Stelle.

Das Prinzip Adventskalender war Pepper aber herzlich egal. An Tag zwei enterte er die Vitrine, von wo aus er mit den Pfoten die Schnur angelte, an der die Säckchen hingen. Als Frauke nach Hause kam, sah das Wohnzimmer aus, als sei ein Rentierschlitten durchgerast. Da fehlen einem die Worte.

Apropos Worte: Wussten Sie, dass Haustiere jetzt twittern können? Ich weiß das von Lena, die ihrem Waldi voriges Weihnachten ein zweiteiliges Twitterset schenkte. Kein Scherz. Wer bei der Arbeit wissen möchte, was Bello zu Hause so treibt, hängt ihm einen Anhänger mit 500 vorgefertigten Nachrichten um den Hals. Je nach Aktivität des Hundes wird der passenden Post an den Account des Vierbeiners gesendet. Bei anhaltender Inaktivität liest man dann etwa: „Es sieht vielleicht aus, als ob ich schlafe, aber ich arbeite an meiner Bräunung."

Ganz ehrlich: Ich finde dieses Brimborium um die Fellfreunde echt gaga. Kein Haustier dieser Welt würde sich freiwillig eine Rentier-Mütze aufsetzen oder einen Twitter-Account anlegen. Und dem Tier dürfte es auch ziemlich wurst sein, ob sein Hundekeks in Knochenform daherkommt. Die Einzigen, die das entzückt, sind doch die Zweibeiner.

Also, liebe Frauchen und Herrchen, spart euch doch den teuren Schnickschnack, und spendet das Geld lieber dem örtlichen Tierheim!

FONDUE

„WIR MACHEN FONDUE!" Himmel, ich hab's geahnt. Meine Familie liebt es, Weihnachten nach der Bescherung Fondue zu essen. Schöne Bescherung, sage ich da nur, denn ich hasse Fondue. Vor zwei Jahren war danach ein schwarzer Ring auf unserem Tisch, der mich noch heute an dieses Weihnachtmahl erinnert. Ich weiß also genau, was auf mich zukommt: ein Topf mit kochendem Fett. Schalen mit Beilagen und Dressings. Ein Teller mit Rindfleisch. Ein Teller mit Schweinefleisch. Ein Teller mit Hühnerfleisch. Ein leerer Teller für die Vegetarier. Lange Gabeln, mit denen man das Fleisch harpuniert und in das siedende Fett taucht und an deren Ende bunte Punkte sind, damit jeder Teilnehmer sein Instrument in dem Getümmel von den anderen unterscheiden kann. Während des Garvorgangs plaudern alle angeregt und tun so, als würden sie nicht genau beobachten, ob sich jemand seine Gabel mit dem fertigen Fleisch abgreift. Bei der Entnahme des Fleischguts verhakt man sich gern im Inneren des Fettvulkans mit den anderen Gabeln, dann kommt es zu Unruhe am Topf. An Heiligabend ist der Zulauf von Verletzten mit Stichwunden an den Händen in die Unfallaufnahmen außergewöhnlich hoch. Manchmal zieht man auch nach ewig langen Minuten seine Gabel raus – und es ist nichts mehr dran! Genau das ist der Moment der Versuchung, sich eine Fremdgabel zu schnappen. Ich wähle deswegen vorher auch gern die Farbe Blau, weil sie dem

Grün ähnlich ist, so kann ich immer sagen, ich wäre farbenblind und hätte die Gabeln verwechselt. Wenn ich Hunger habe, werde ich fressneidisch und nervös. Da ich leicht Hunger habe, ist Fondue für mich folglich purer Stress, und da das Fleisch immer nur halb so groß aus der Topffritteuse herauskommt, als ich es hineingetan habe, erziele ich mit diesen Schrumpfstückchen einfach keinen Sättigungsgrad. Also stopfe ich alles in mich hinein, was noch so auf dem Tisch steht: Kartoffelsalat, Nudelsalat, Tomaten, Gürkchen, Mais und Brot, ganz viel Brot. Andere nennen das Esskultur, ich nenne es Überlebenskampf. In diesem Jahr wollen sie alternativ Raclette machen. Das ist Tischrudelfuttern mit putzigen Pfännchen und Schiebern. Hasse ich auch. Als Geschenk für meine Frau habe ich ihr ein Buch unter den Weihnachtsbaum gelegt: „Gruppendynamisches Fressverhalten und die Unterdrückung anderer" von Frau Prof. Dr. Weber-Grill.

AFTER HEILIGABEND

GESCHENKE KOMMEN VON HERZEN.

ABER WOHER KOMMT DER UMTAUSCH?

NACH WEIHNACHTEN IN DER AMEISEN-BUBBLE

NUR SO

Horch, was kommt von draußen her,
ziemlich dick und ziemlich schwer,
stöhnt und ächzt und schnauft und schwitzt?
Obwohl er auf dem Schlitten sitzt,
es ist der Weihnachtsmann, genau,
und neben ihm die Weihnachtsfrau.

Sie navigiert und leitet ihn,
sonst wüsste er doch nicht, wohin,
sie füttert ihn und reicht ihm Saft.
Dadurch erhält er seine Kraft.
Somit wird uns hier schnell ersichtlich,
Frauen sind schon ganz schön wichtich.

Frohe Weihnacht

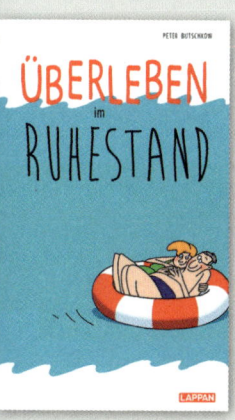

ISBN 978-3-8303-4337-0

ISBN 978-3-8303-4366-0

ISBN 978-3-8303-4367-7

ISBN 978-3-8303-4433-9

ISBN 978-3-8303-4409-4

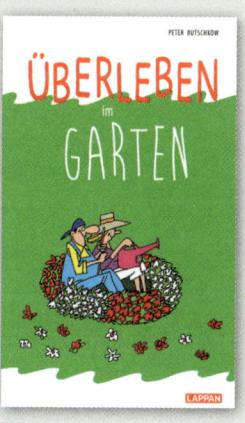

ISBN 978-3-8303-4426-1

ISBN 978-3-8303-4514-5

ISBN 978-3-8303-4388-2

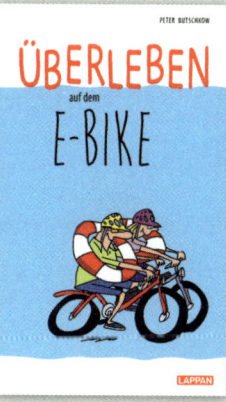

ISBN 978-3-8303-4493-3

W W W . L A P P A N . D E

Peter Butschkow,

1944 in Cottbus geboren, lebt seit mehr als 30 Jahren in Norddeutschland hinter dem Deich und ist Vater von zwei erwachsenen Söhnen. Er liebt Baumkuchen, sein elektronisches Schlagzeug und wenn es draußen richtig kitschig schneit.

Caren Hodel,

1976 in Bruchsal geboren, arbeitet als Redakteurin und Autorin für verschiedene Frauenzeitschriften und lebt mit drei Jungs (zwei Halbstarke und ein stark gebauter) auf dem Land bei Lüneburg. Sie liebt windschiefe Christbäume, pappig süßen Glühwein und das Knistern von Geschenkpapier.

Wir produzieren nachhaltig
- Klimaneutrales Produkt
- Papiere aus nachhaltigen und kontrollierten Quellen
- Hergestellt in Europa

MIX
Papier aus verantwortungsvollen Quellen
FSC® C002795

1. Auflage 2022
– Originalausgabe –
© 2022 Lappan Verlag in der Carlsen Verlag GmbH, Oldenburg/Hamburg

ISBN 978-3-8303-4538-1

Texte auf den Seiten 3, 7, 11, 16, 23, 26, 33, 39, 47, 54, 57 und 61: Peter Butschkow
Texte auf den Seiten 19, 29, 35, 43 und 51: Caren Hodel
Illustrationen: Peter Butschkow
Lektorat: Antje Haubner
Layout und Herstellung: Ulrike Boekhoff
Covergestaltung: Monika Swirski

FOLGT UNS! facebook.com/lappanverlag
Instagram.com/lappanverlag
w w w . l a p p a n . d e

LAPPAN
Bücher, die Spaß bringen!